La maison de Max et Lili a été cambriolée

*Avec la collaboration
de Renaud de Saint Mars*

*Pour en savoir plus sur la justice :
ado.justice.gouv.fr*

Série dirigée par Dominique de Saint Mars

© Calligram 2004
Tous droits réservés pour tous pays
Imprimé en Italie
ISBN : 978-2-88480-067-9

Ainsi va la vie

La maison de Max et Lili a été cambriolée

Dominique de Saint Mars

Serge Bloch

CALLIGRAM

CHRISTIAN ◯ GALLIMARD

7

8

10

11

12

14

Mes billes !

Max, on part au commissariat ! Mais qu'est-ce que tu fais ?

Je leur tends un piège... au cas où ils reviendraient !

Les voleurs, c'est peut-être des gens pauvres, qui ont faim ?

On comprendrait mieux. Mais souvent, c'est des gens qui en font leur métier, ils ne respectent rien...

... ou des gens qui ne trouvent pas leur place dans la société, qui ont des difficultés, mais ce n'est pas une raison pour les laisser faire...

Tout le monde devient suspect.

18

Mais ça a toujours existé ! Au Moyen Âge, les gens avaient des armes sur eux pour se défendre. Il y avait des bandits de grand chemin sur toutes les routes...

Maintenant, y a la police !

Et la justice* ! On fait des lois pour protéger les gens, éviter qu'ils se vengent seuls, pour punir les agresseurs et les obliger à réparer...

Si on retrouve les voleurs...

Moi, si je l'avais attrapé, je lui aurai foutu une pêche !

Non, il ne nous a pas fait de mal physiquement, on n'a pas le droit de lui en faire.

Et Pluche ? DISPARU ? ! KIDNAPPÉ !

* justice : ensemble des juges qui font respecter la loi.

23

Ce qui est bien avec les cauchemars, c'est que c'est toujours pire que la réalité !
Tu vois, je suis là, et ils n'ont pas tout pris !

Barbara, y a un bruit chez le voisin. J'y vais. Il va peut-être falloir appeler la police !

Attends, Paul... fais attention !

LA POLICE ! ?

Il y a un bruit bizarre chez Monsieur Morel. Papa est allé voir.

Je téléphone
à la police !

Il faut aider
papa !

Bouge pas,
elle a dit !

* Flagrant : évident.

* Délit : faute punie par la loi.

31

Lili, je suis désolée pour vous ! À l'école aussi, l'année dernière, on nous a volé un ordinateur, la machine à café... Mais la gardienne est arrivée, et ils ont laissé la télé au milieu de la cour.

Dommage qu'on l'ait pas laissé !

Eh Max, pour mon jeu vidéo ?

C'est dégoûtant, c'était un peu à nous tous !

Oui, ça appartient à l'école et on doit le respecter, car ça nous sert à tous.

33

LE LENDEMAIN...

On va au tribunal avec Paul pour la comparution* Vous restez là ?

Non, on vient avec vous !

CHAMBRE CORRECTIONNELLE

AVOCATS

* Comparution : ici, il s'agit d'un jugement immédiat après le vol.
* Procureur : il dit la loi et réclame la punition pour la faute.

34

* Sursis : décision remise à plus tard.
* T.I.G. : travail fait par un condamné au profit de la société.

Et alors ?

Il a été condamné à un travail pour la mairie. Ensuite, il sera aidé à trouver un emploi pour nous payer ce que notre assurance ne rembourse pas.

Moi, je l'aurais condamné à nettoyer NOS toilettes !

T'as rien compris à la justice, Max !

38

Et toi...

Est-ce qu'il t'est arrivé la même histoire qu'à Max et Lili ?

Etais-tu là ? Il y a eu de la violence ? As-tu eu peur ?
Pour toi, pour tes parents ? On t'a proposé d'en parler ?

Es-tu triste d'avoir perdu des choses que tu aimais ?
Comment t'es-tu consolé ?

As-tu oublié ou y penses-tu encore ?
Tu ne veux plus rester seul ? Tu fais des cauchemars ?

As-tu peur que ça recommence ou es-tu rassuré ?
On t'a écouté ? On a mis des verrous, des alarmes ?

As-tu été choqué qu'on touche à ta maison
et attends-tu que l'on retrouve les voleurs ?

En as-tu parlé avec d'autres copains pour comparer
vos expériences ou savoir comment ils se sont consolés ?

En as-tu peur ? Ou n'y penses-tu jamais ? T'as-t-on déjà volé des choses ? Où ? Comment as-tu réagi ?

Connais-tu des gens qui l'ont été ? As-tu vu quelqu'un se faire agresser, voler dans la rue ou ailleurs ?

Es-tu méfiant envers ce qui est inconnu ? Fermes-tu les portes à clé ? As tu peur de certaines personnes ?

Penses-tu que les voleurs volent parce qu'ils sont méchants ou qu'ils ont faim ou sont influencés ?

Penses-tu qu'ils se sentent au-dessus des lois, qu'ils ne respectent rien et qu'il faut les éduquer et les punir ?

Sais-tu que, même un voleur jeune doit répondre de ses actes, et ses parents responsables doivent rembourser ?

**Après avoir réfléchi
à ces questions
sur les cambriolages
tu peux en parler
avec tes parents ou tes amis**